창조문학대표시인선 305

세월의 뒷모습

제 2시집

세석(洗石) 임 세 택

창조문학사

□ 시인의 말

시집을 내면서

백 세 시대에 팔십을 바라본다.

길지도 않지만 짧은 세월이라고도 말할 수 없다.

인간은 희로애락 등 다양한 감정 속에 희비의 싸인 곡선을 그리는 삶을 살게 된다.

삶은 한편의 드라마이며 우린 누구나 주인공이다.

살아온 삶을 되돌아보면서 아름다운 추억으로 기억될 일, 어렵고 힘들었던 시절 후회로 남아, 남은 생애를 슬프게 괴롭힐 일들로 다양한 삶을 살았다는 생각이 들었다.

살아온 세월 중에서 떠오르는 '세월의 뒷모습'을 여기에 모아본다.

많은 공감이 있었으면 하는 바람이다.

세석(洗石) 임세택

2024년 3월

세월의 뒷모습
임세택 제 2시집

차례

2부 성숙해가는 세월

3부 신앙

1부 추억으로 변하는 그리움

그 겨울밤

순이가 시집가는 전날 밤은
어둠이 유난히 두터운 장막을 쳤다.

희미한 호롱불은 거친 호흡을 하고
뜨거워진 장막 속 공기는 솜이불처럼
두 개의 그림자를 덮었다.

밖엔 함박눈 속에 인적은 끊기고
새벽닭 울음으로 아침을 불렀다.

쌓인 눈 위에는 서러운 발자국만 찍히고
뜨거웠던 하나의 그림자가
갈 길 다른 두 개로 나누어지는 시간

하늘은 침묵 속에
무거운 두 그림자 위에
하얀 눈송이만 뿌리고 있었다.

섬진강 추억

섬진강을 바라보며 등산령[1]에서 내려온 바람
마을 앞. 신작로 코스모스. 어린 손을 잡고
강둑 넘어 모래밭에 눕는다.

은어 떼 쫒던 아이들 물속에 퉁벙거리고
모래찜에 땀 쏟고 있던 아낙들
스르르 잠이 든다.

동갑내기 5학년 순이와 나는
물에 젖은 서로의 모습을 바라보며
얼굴이 화끈거리는 부끄럼을 탄다.

아주 조금씩 불룩해진 신체의 부위에서
눈을 피해 모래밭 멀리 달리기도 하고
물 속 깊은 곳으로 들어가 숨기도 했다.

한양 쪽 강둑을 타고 떠난 지
반백년이 지난 고향!
아직도 고향을 생각하면

---

1)등산령 : 전남 곡성군 고달면 목동리에 있는 작은 고개

섬진강 어릴 적 추억이
저녁놀보다 곱다.

유년시절의 하루

밤이면 옷 홀랑 벗고
감나무에 올라 몸 감추기
방문에는 담요 처 불빛 막기
아빠는 뒷산 동굴로 숨기
외양간 황소는 십 리 밖
사돈댁으로 해지기 전 옮겨놓기
긴 골목 입구엔 대문 잠그기
마을 전체를 울타리 친
긴 소나무 문 닫고 방공초소 지키기

드디어 해가 지고 어둠이 깊어지면
따콩따콩 총소리 앞세우고
쳐들어온 북쪽 손님 지리산 빨치산 불청객

마을의 곡식과 가축들을 털어
젊은 사내들 일꾼으로 몰아
훔쳐갔다.

무서운 밤은 몇 년 이어져 갔고
그 재미없는 저녁놀이가
어린 시절 하루하루 기억으로 떠오른다.

철부지별

중학교 1학년 첫 중간고사
학부형 총회 때 교실 복도 벽에
써 붙이는 성적표

매일 아침 수업 전 열리는
운동장 전교생 아침조회

어느 아침 교단 위 교장선생님은
한 학생의 어깨에 손을 얹고
별 하나 탄생시켰다.

'중간고사 점수 평균 99.7점
우리 학교에 천재 소년이 나왔다.'고
발표했다.
그리고 내 이름을 불렀다.

나는 갑자기 하늘이 낮게 느껴지고
어깨는 으쓱 올라가 한 척은
커진 느낌
나는 철부지별이 되었다.

가슴은 뛰고 세상 무서울 게 없다.
갑자기 뜬구름 위에 떠 있는 기분이었다.

우리 학교는 남녀 공학
자존심은 하늘을 찌를 듯 높아지고
내 인생에 희비의 싸인곡선을 그리는
요소가 된다.

시위

1960년대 지역별로 존재했던 일류 고교.
시골 출신이 일류고에 진학하면
그 지역의 별이 된다. 희망이 된다.

나는 K고교에 학우 38명과 응시
합격자 발표 신문에는 내 이름이 유일하게
올라 있었다.

다음날 교장선생님은 개선장군이라
불러 주었고
우수반에 편성되고
내 꿈은 가슴 설렘 속에
무럭무럭 자라고 있었다.

한일 회담 비준반대
전국적으로 시작된 시위운동

교정과 도청 앞 광장 길거리에서
목이 터져라 외쳤고
피 흘리는 대학생의 모습을 보면서

흥분하기도 했다.

큰 물결로 흐르는 역사의 흐름 속에
나는 숨 쉬고 있었다.

갈등과 긴장감 속에 시대와 함께
내 꿈도 변해가고 있었다.
민족과 나라의 발전을 위해
헌신하겠다고.

그리운 얼굴

밤하늘엔 보름달
내 가슴엔 그믐달

한 살 한 살 나이만 더해가고
세월은 매정하게 흐르는데
가슴 속 달은 해마다 줄어든다.

깊어진 가을밤
창가엔 가을의 전령사 귀뚜라미
애절한 울음
시집 속에 눌려 있던 추억들을 끄집어내어
가슴 속 줄어드는 달의 모습 메운다.

식어가는 커피 잔 속에서
그리움 피어올라
흘러버린 세월을 위로하고 있다.

꿈속에서라도 어머님 좀 뵙고파
기도하는 잠자리에 들어
간절한 눈을 감아 본다.

술

한 잔 마시고 말한다.
'당신을 사랑하오.'
술은 진솔한 친구다.

두 잔 마시고 말한다.
'다 내 잘못이오.'
술은 용기를 주는 친구다.

석 잔을 마시며 부모님 얼굴이
떠올라 눈물을 흘린다.
술은 불효를 깨닫게 하는 스승이다.

잔을 계속해서 비우다 보면
첫사랑의 얼굴, 젊은 시절의 추억도 떠오른다.
술은 그리움을 불러오는 신비로운 물이다.

시간은 깊은 밤으로 들어가고
술잔이 속도 있게 비워지다 보면
예술가가 되기도 하고
철학자가 되기도 한다.

마침내는 세상을 접시 돌리듯
빙빙 돌게 하는 요술쟁이가 된다.

술은 가까이해야 할 친구인지
멀리 해야 할 친구인지
불가근불가원 해야 할 친구인지….

친구

추억으로 맴도는
젊음의 파편들이
세월의 강을 건너
이젠 바람 앞에 놓인
촛불들이 되었구나.

그리움(Ⅰ)

가을 허공에 날려 보낸
당신의 이름.

그리움의 호수에서
맴돌고 있는 나룻배.

야화(夜花)

그림자 감춘 지 이십여 년
얼굴엔 세월 꽃 검게 피고
까맣던 머리숱은 줄고
곱던 피부엔 실개천 주름이
자리 잡았겠지.

이별이 예고된 사랑
쫓고 도망치듯 돌아서야 했던
눈물은 남몰래 닦았다.

숨어서 애처롭게 하는 사랑
뜨거운 열정 마침내 그림자 감추고
어느 곳에 아직 꽃피우고 있는지?

잊을 수 없는 흑백사진 한 장
그립고 애절한 밤에 피는 꽃이여!

그리움(Ⅱ)

서산 넘어 해 숨듯
짙은 그림자 끌고 사라진 사람

강산이 몇 번 변한 세월

마지막 계절이 다가오고 있는데
아직 소식 하나 없구려.

미련

불덩어리 주고받은 삼 년 세월.
슬픔을 나누어 가진 지 이십 년.

목마른 그리움, 별에서 오고
늦가을 찬바람 새벽달에서 온다.

가슴앓이 사랑은
빨간 단풍잎에 물들었다.

산수유 빨간 시절은
나뭇가지에 주렁주렁 열리고

깊은 골짜기 맑은 물은 흘러흘러
돌아오지 않는 바다로 간다.

거울에 비친 얼굴은
기다림의 환상 일뿐

아직도 지워지지 않는
그 시절의 그림들….

가을 아침에 날아온 새

상쾌한 아침 공기를 뚫고
반가운 새 한 마리 날아왔다.

지인의 부인이 보내준 새는
따끈따끈한 첫 생명
'병마용의 사내.' 시집

반가움과 설레임 속에
단번에 탐독

꽃다발에 축하의 마음
가득 담아 보낸다.

칠십 대 한 여인의 일생
그 삶의 세월의 그림자였다.

성실하게 살아온 삶 속에서
남편에 대한 절대적 사랑
고난과 시련 속 자식들에 대한 눈물
뜨겁고 성실한 일기장을 읽고 난 느낌이었다.

돌려 말하기보다는 직설적인 표현
일상적인 시어사용으로
독자와의 소통을 쉽게 하려고 노력한 점이 잘 드러나 있었다.

가족에 대한 사랑이
시집 전편에 토란잎 위에 빛나는
영롱한 물방울처럼
은구슬로 빛을 내며 구르고 있다.

큰 산통을 겪고 세상에 나온
새 생명을 축복하며
문운의 큰 발전을 위해 기도드린다.
아름다운 꽃봉오리를 피우소서.

성미 구름다리에 가을비가 옵니다

월드컵 공원 성미 구름다리
새벽 가을비가 까치걸음 걷듯
소릴 죽여 촉촉이 내리고 있다.

다리 밑으로 홍제천이 흐르고
홍제천에 빗물이 들어 잉어 떼가
세차게 몸을 흔들어 오르고 있다.

개천에 빠져 물속에서 몸을 흔들고 있는
가로등이 열심히 춤을 추고
흥에 겨운 잉어들의 몸놀림에
물결이 일렁인다.

아침을 먹으러 온 물오리의 움직임이 빨라지고
주위의 탐스런 풀들도
젖은 몸 물기를 털기 위해
몸을 흔들어 대고
풀 속에 세 들어 사는 개구리도
아침 일찍 일어나 눈을 껌벅거리며
이웃들에게 아침 인사를 한다.

자연의 세월은 시침처럼 서서히 흐르고
나의 세월은 초침처럼 빠르게 흐른 것 같다.

자연의 섭리 속에
나 또한 존재하고
세월 따라 흘러가고 있음을 새삼스럽게
느낀다.

세월의 뒷모습(Ⅰ) 교편을 잡다(청장년기)

하얀 도화지 같은 순수한 시골 아이들.
그들의 꿈을 키우고 이루기 위해
뜨거운 내 열정을 불태우리라.

'개천에서 용 난다'는 말
용이 되기 위한 배움에
내 뜨거운 열정 밑기름되리라.

가슴 깊이 아이들 품고
애정과 회초리로 담금질 칠 년
작은 꽃봉오리 피워 졸업장 받게 하리라.

벌써 찾아온 제자들 나이
육순을 바라보고 빠르게 흐른 세월 속
세상 떠난 아이도 있고
성공한 소식 들려올 땐 입가에 미소가 절로 핀다.

그러나
매년 스승의 날이 되면
왠지 모를 눈물을 닦게 되는 까닭은?

스승의 날 교실에서 불러주었던 '스승의 은혜'
아이들의 모습이 눈앞으로 다가온다.
그때도 나는 돌아서서 칠판을 보며
눈물을 닦고 있었다.

세월의 뒷모습(II) 입시전문학원으로 교육장 이동

시골 학교 교사 청년인 나는
청년회의소 간부 펜클럽 활동.
시화전 개인전 각종 지역 봉사활동 등

황금만능 시대에 활발한 청년 활동에는
가진 금덩이가 부족한 상황

고향 떠나 서울에서
입시 전문학원 국어 강사로 자리 잡고
하루 이십 시간 가까운 강의로
성대에 무리가 된 열강
현직 선생님도 수강생으로
소문에 소문을 탄다.

세월의 뒷모습(III) 방송을 타다

입시학원 강사 생활 7년 끝에
1987년 MBC 라디오 연합고사 입시해설 생방
1988년 MBC TV 연합고사 입시해설 총평

몸에 날개가 붙고 몸값 상승
재물 복이 터진다.

마침내 입시 전문 특목고 학원 운영
이름난 학원으로 성장한다.

세월의 뒷모습(Ⅳ) 태풍이 불다

'특목고 입시 폐지'라는
국가 교육 정책 변경으로
학원가에 태풍이 불어
결정적 타격을 입는다.

큰 나무도 태풍에는 가지가 부러지고
뿌리까지 뽑히기도 하는 법.

평화롭던 가정 정원에도
상처를 입는다.
허무한 세월의 흐름 속에
새로운 꿈이 이루어진다.

2011년 봄 창조문학 시부분
신인상 수상으로 문단에 등단한다.

세월의 뒷모습(Ⅴ)시인이 된다

흐르는 물에 돌 씻은 지 반백 년
초등학교 시절 백일장에서
장원에 입상하여 마을에
플래카드 걸은 지 반백 년
드디어 제 길을 찾았다.

2011년 봄 창조문학에 시부분 신인상 수상으로 문단
첫 시집 '흐르는 물에 돌 씻은 세월' 상재
'흘러넘치는 강물 마음을 마음껏
노래하고 싶다.' 신인상 수상 소감이었다.

첫 시집의 감동적인 반응과 독자들과의 소통에
행복한 나날들….

또 하나의 생명 탄생을 위해
오늘도 원고지를 접한다.

첫눈

내 나이 스물 어느 겨울밤
첫눈이 무릎까지 쌓인 고요하고 포근한 밤

헤어져야 할 그녀와 나는 함박눈에 덮인
초가집 작은 골방 솜이불 속에 발을 넣고
침묵 속에 서로의 얼굴만 쳐다보고 있었다.

'우리 도망갈까?'
침묵을 깨트린 그녀의 일성

갑자기 머릿속이 하얗게 골빈 상태가 되었다.
왜? 웬 도망?

좋아하는 마음을 서로 들킨 사이지만
만나면 얼굴 빨개진 사랑
손 한번 잡아보지 않은 사인데….

학생의 신분. 꿈에도 생각해 본 적 없는 결혼.
소문이 나면 불효가 될 텐데….

나는 정신 나간 사람처럼
벙어리처럼. 바보처럼. 멍때린 상태가 되어
화끈거리는 얼굴을 어찌해야 할지?
눈만 끔벅거리고 있었다.

'오늘 밤이 지나면 우린 헤어지는 건가?'
'응. 그렇게 되겠지!'
'너 내일 전주(全州)로 이사 간다며….'
'마지막이 될지 모르니까 꼭 한번 불러보고 싶은 말이 있는데….'
'무슨 말?'
나는 무척 궁금했고 그녀는 한참 동안
망설이다가 몹시 떨리는 목소리로
'여보…' 그녀는 얼굴을 이불 속에 묻고
나를 쳐다보지 못한 채 어색한 분위기가
방안을 무겁게 채우고 있었다.

새벽닭은 유난히 목청을 높여
울어대고 날은 밝아오기 시작했다.
푹푹 빠진 눈 속을 힘겹게 더듬어가는

뒷모습만 바라보며
펑펑 쏟아지는 눈 속에
말뚝처럼 박힌 나는
움직일 수 없는 허수아비가 되었다.

그날 이후 바람결에 이사 갔다는
소문만 들었을 뿐….

첫눈이 내리는 날이면
그녀의 얼굴이 눈 속에 선명하게 그려진다.

이별

육십 년 전 겨울방학 끝자락
함박눈이 밤을 새워 펑펑 쏟아지더니
아침 해가 밝게 솟아
쌓인 눈에 반사되어 유난히 밝았다.

무릎까지 빠지도록 쌓인 눈에
마을 앞 신작로는 논과 길이 구분되지 않았다.

곤충이 더듬이로 더듬어 가듯
오른발 뽑아 한 걸음 옮기고
왼발 뽑아 한 걸음 옮기기가
갯벌에 빠진 발 뽑아 걷는 것처럼 힘들었다.

쌓인 눈 위로 칼바람이 칼춤을 추고
살을 베는 듯 날카로운 찬바람은
피부를 할퀴고
헤어지는 안타까움과 쓰린 가슴 깊숙이
칼질하고 있었다.

유난히 혹독한 날씨 속에 헤어진 후

육십 년 세월이 흐른 지금까지
얼굴 한 번 들지 못하고
마음 한 번 보지 못한 사람
첫눈이 내리는 날이면
눈이 내리는 하늘을 바라보며
그녀의 이름을 마음속으로 중얼거리듯 불러본다.

봄을 깨우는 알람

겨우내 나뭇잎 이불 속에 잠자던 생명들이
대지를 뚫고 쑤욱쑤욱 올라온다.
아직 잠자고 있는 생명들을
떡갈나무잎에 토닥토닥 떨어져 앉는 봄비가
간지럼 태우듯 작은 멜로디로
알람 소리를 울린다.

십척(十尺) 높이의 깎아지른 바위 절벽을 타고
떨어지는 작은 폭포수들이
합창하는 봄의 연주회가
북한산 속 야외 카페에서 열리고 있다.

쑥향, 솔향이 봄꽃처럼 예쁜
커피잔 속에서 피어오르고
빵 굽는 냄새가 카페 마당 폭포수 연못을
가득 덮었다.

어느덧 봄은 우리 곁에 와 있다.
공기마저 제법 포근하다.
앞 다투어 피어나는 봄꽃들….

오늘 즐기는 봄을
앞으로 계속 맞이할 수 있기를
마음속으로 간절히 빌고 빌었다.

틀니

오늘 아침 치과에 들러 크라운 치료를 했다.

평생 한이 되었던 틀니 생각이 났다.
잇몸으로 음식을 드실 때 불편하실 것 같아
틀니를 권했으나 한사코 사양하셨다.

음식의 맛은커녕 잘 씹어지지도 않으니
우물우물하시다가 억지로 꿀꺽 넘기시는 모습

지금 생각해 보면 돈이 많이 들어 자식 고생시킬까 염려되어
극구 사양하셨던 것을
그냥 드실 만 한가보다 하고 생각했었다.

지금 내가 틀니를 하고 보니
틀니마저 없다면 어떻게 음식을 먹을까
상상이 안 된다.

어머님의 사랑, 헌신
받을 자격이 없는 불효자식이다.

치과 의자에서 눈물이 계속 흘러내렸다.
의사는 몹시 아프시면 왼손을 드시라고 말했다.

손을 들 수가 없었다. 아픈 곳은 마음이기 때문이다.
눈물을 계속 흘리니까
어르신 참 잘 참으시네요.
엉뚱한 칭찬이다.
그래, 슬픔을 참는 것도 참는 것이니까

생불여사(生不如死), 소탐대실(小貪大失)

'사는 것이 죽는 것만 못하다.'는 수담의 현장에선
자주 경험하게 되는 격언이다.
부분적인 성공이 전체에 나쁜 영향을 끼쳐 대세를
불리하게 만들었다는 뜻이다.
나무로 보는 것보다 숲을 볼 줄 알아야 한다는 뜻이
다.

세상을 살아가는 인생에서도 큰 안목을 키우는 것이
중요함을 강조하고 있다.

내가 행복하기 위해서는 사회나 국가를 먼저 생각할
수 있어야
자신에게 참 행복이 될 수 있다는 뜻이리라.
소탐대실(小貪大失)도 비슷한 상황을 애기한 것.

살아온 삶을 반추하면서 생불여사, 소탐대실의 경우
가
수없이 반복된 경우가 있었음을 발견하였다.

오늘의 내가 작은 존재로 되어있음은

수담에서 경계해야 할 격언을 경시한 결과임을 깨닫게 되었다.

세상과 인생을 넓게, 멀리 볼 수 있는 안목을 키워야겠다.

오늘 수담을 나눈 친구들과 탁주잔이라도 나누면서
소중한 깨달음을 함께 해야겠다.

2부 성숙해가는 세월

어느 봄날

쑥 향 한 아름 안고
한강 여울 건너온 봄바람
하늘공원 억새 길을 걷는다.

따사로운 햇살 한 자락
반갑게 손을 잡는다.

바람은 서늘하게 억새 콧등을 스친다.

억새 숲에선 사각사각 푸른 꿈들이 눈을 뜨고
가슴 벅찬 연두색 세상이 열리고 있다.

잊고 있던 친구들의 모습이 새싹처럼 솟는다.

오늘은 부지런한 봄처럼
친구들의 안부를 찾아본다.

웃음꽃
-하지영 부부와 만찬

흰 머리카락을 숨긴 두 쌍의 부부
마주앉은 네모의 식탁위에
5월의 장미꽃이 활짝 피어
사십 여년 쌓아온 우정의 그림들이
장미 꽃잎에 흐른다.

꽃잎에 흐르는 그림 애기들이
장미처럼 피어나고
입가엔 웃음꽃이 핀다.

여물어가는 초저녁 시간 속에
잠자리는 접어지고
소주병 뚜껑이 몇 차례 열리고
얼굴마다 빨간 조명이 피어나면
활짝 피었던 애기들은
장미꽃 속에 잠자리를 편다.

내일의 설레임을 약속하고
밤은 건물사이로 발걸음을 옮긴다.

천국환송
- 故서종제 장로 장례예배

이승의 삶 아침이슬
우주 속 미약한 미물
만물의 지배자는 하늘에 계신 창조주 하느님

인명(人命)은 재천(在天)
하늘에 계신 그분의 소유

주인의 부름 받고 길 떠나는 형제여!
천국행 이별을 환송한다.

눈물은 보이지 않으리
이슬 같은 홍진의 삶은 끝.
영생불멸의 세상으로 간다.
천사들이 동행하는 천국행 여정
찬송과 예배로 환송한다.

우리는 보았다.
길 뜨는 순간까지
미소 지으며
카랑카랑한 목소리로 찬송가 부르며

행복한 얼굴로
눈을 감는 모습을….

좋은 세상에서 편히 쉬소서. 아멘.

신용불량자

우리의 대표들은 신용불량자
목에 핏대 세워 외치던 공약들은
순식간에 식언(食言)
국민을 위한다며 네 탓 내 탓 싸움질

주인은 싸움질만 하는
신용 없는 일꾼은 원하지 않는다.

매와 같은 예리한 눈으로 지켜보고 있다가
일 잘하는 참일꾼을 뽑는다.

명심하라. 세월은 멈춰주지 않고
빠르게 흘러가고 있음을….

장마

한 달 가까운 장마에
짜증스런 끈적거림.

지나치면 부족함만 못하다는 말.
부족할 땐 간절하던 마음이
넘치니까 짜증으로 바뀐 간사스러움
어쩔 수 없다.

여기저기서 목숨마저 앗아갔다는
뉴스가 TV 화면에 장맛비처럼 넘친다.

우리는 지나친 욕심을 부려
자신을 망치는 모습을
너무 많이 보았다

많을수록 좋다는 말도 있다.
사랑과 봉사가 장마에 넘쳐흐르는 물처럼
넘쳤으면 좋겠다.

사랑과 봉사의 장마가 계속되어
희망과 행복이 넘쳐흐르는 세상이 되길

시인의 거리

높이 이십 미터 길이 1.6Km쯤 되는
메타세콰이어 숲길
산소의 터널, 힐링의 터널이다.

쓰레기 매립지 난지도에
만들어진 숲길이다.

자연과 인간이 만들어 놓은
경이로운 숲길에 시인들의 숨소리가 있다.

이 숲길에 상시로 전시되고 있는 시화들

숲 향과 시 향이 상쾌한 공기 속에
녹아 흐르고 있다.

시인의 향기가 가득 흐르는 시인의 길
그 아래로
한강 여울이 동백이파리 물고 흐른다.

울타리

안정된 울타리가 있어 평화롭다.
꽃피운 나무는 건강하고
짝궁나무가 있어 행복하다.

성숙해진 공주나무 마냥 사랑스럽다.

상쾌한 공기. 따뜻한 햇살이
울타리 안에서 봄을 즐긴다.

여름을 준비하는 마음이 가볍다.
하늘은 여우비로 축복한다.

울타리 안 초록 색깔은
하루하루 짙어 가고 있다.

울타리는 늘 오늘처럼
평온하기만을 기도한다.

가을비

자정 지나 어두 컴컴
미명의 새벽
창 밖에 주룩주룩 가을비
내 눈물

젊은 시절
기름기 흐르는 삶
평생 한결같을 거라는 착각
부러진 가족들의 자존심의 날개
후회의 눈물

노인은 녹내장 수술이 어렵다는 의사의 말
철석같이 믿어버린 철부지
어머님 하늘나라 가신 뒤
늙고 나이드니 가을비로 쏟아지는
바보의 눈물

성대 수술 여덟 번
하느님의 채찍과 경고
사랑으로 주신 제2의 삶 깨닫지 못한

어리석은 삶

밤새워 내리는 가을비
내 회한의 눈물이여!

홀로서기

금지옥엽 길러온 마흔셋
무남독녀 우리 공주 나이테

이젠 둥지 밖으로 밀어내야 할 시간
밀어낼 연습은 미처 못했다.

뿌듯한 두려움의 엄습
눈앞을 가린 하얀 물안개

망망대해에 띄우는 일엽편주 아린 가슴
입술 깨물고 호랑이어미 낭떠러지로
새끼 밀어내는 심정

눈앞에 없으면 아른거린 모습
세상이 갑자기 캄캄해진다.

산딸기

산비탈에 매달려 있는
잘 익은 산딸기

손짓하며 날 부른다
한 알 따서 한 입.
한 알 따서 또 한 입.
당신의 향기다.

그리움 한 입.
외로운 한 입.
서러움까지 한 움큼 따서
입에 넣었다.

입 안 가득 당신의 향기를 느낀다.
나는 당신의 향기가
뜨거운 핏속에 녹아
온몸에 퍼지도록 입을 꼭 다물었다.
내 곁을 떠날 수 없게….

출근길

콧등 시큰시큰한 새벽바람
귓불 찢고 양 어깨 죽지 웅크리게 한
갑작스런 한파.

회몰이로 날려가는 낙엽.
차가운 바람 소리.

두툼해진 행인들의 옷차림.
낙엽과 힘들게 사투하는 미화원

계절의 봄은 아직 멀고
인생의 봄은 끝.

늦가을 인생
눌러쓴 모자 밑에서 꿈틀거리는 상념들

한파 속 새벽 출근길
가족의 걱정과 기다림
다리에 힘이 솟는다

잔잔한 행복의 물결이
가슴에 일렁이는 노년의 출근길.

아침인사

내 삶의 전부로 함께한 당신
아침을 가볍게 열어주오.

새벽 환희가
동쪽 하늘에 힘차게 솟았구려

오늘도 주님은
우리에게 행복한 하루를
허락하셨구려.

가을비에 젖은 낙엽

영원할 것 같던 초록의 시절
세월의 흐름을 눈치채지 못한 채
휘파람 불며 시절을 탕진한 자만심.
어느덧 차가움 업고 오는
가을바람을 탄다.

아름다운 추억으로 위로 받던
화려한 단풍.
촉촉이 내리는 가을 비바람에
잡고 있던 소망의 끈을 놓고 말았다

질척거리는 길바닥에
뱉어놓은 껌딱지처럼 달라붙어
행인의 발길에 밟히는 낙엽.

가을을 살고 있는 우리들
이제 떠나야 할 계절 앞에서
힘겹게 매달려있는 이파리

유난히 차가운 가을바람이
혹독한 겨울을 향해 달리고 있다.

숨 쉬는 말뚝

지칠 줄 모르고 흐르는 세월의 뒷모습
석양 저녁놀이 일렁인다

불쑥 눈앞에 다가왔다가
뒷걸음질로 사라지는 지난날의 그림들

뜨거운 정열, 충만한 자존심과 용기,
저돌적인 추진력.
어느새 세월의 뒷모습 속으로
사라지고 말았다.

허약해진 몸에
나약한 정신력
초점 잃은 눈빛
어느덧 나목(裸木)은
숨 쉬는 말뚝이 되어가고 있다.

추모제

형제들이 모두 모인 명절 아침
지난 삶을 얘기하다가
부모님 생각이 떠올라
눈물만 쏟고 있는 불효자.

바보였다.
늙어 나이 들고 철이 드니
쏟아지는 눈물!

아버지 어머니 다시는 돌아올 수 없고
자식의 도리를 할 수 없는 멍멍해진 가슴
이승에 머물 시간 얼마 남지 않았는데
저세상 가서 어찌 뵈올지?

그칠 줄 모르는 눈물만 허무하게
쏟아지는 명절 아침.

밤(夜)

삶의 성장과
위대함이 서서히 성취되어 가는 시간

세월은 스승

서오릉 한우 갈비집
가족 외식을 했다.

세 식구 갈비 3인분에 비냉 셋
고기 구워주는 아주머니의 서비스도 괜찮다.

어린 시절 운 좋은 장날이면
아버지가 사 오신 소고기로 입 호강하는 날이 있다.

냄새 좋은 한우를 화로 숯불에 구워
내 앞에 쌓아 놓는다.
나는 정신없이 먹었다. 지켜보고 계시던
엄마 아빠는 늘 미소 짓는 얼굴이다.

'엄마, 아빠도 빨리 드세요.'하고
권하면 두 분은 입을 맞춘 듯
'배가 부르다.'라고 하셨다.
나는 남은 것마저 다 먹었다.

세월이 흘러 나이 들고 보니

어릴 적 부모님의 '배부르다'는 말의 뜻을
알겠고 지금 나 또한
부모님의 흉내를 낼 줄도 알게 되었다.

세월은 속절없이 흐르기만 한 것이 아니라
우리에게 깨달음을 주는 스승이다.

눈앞에 부모님의 모습이 떠오르며
갑자기 물안개가 눈앞을 가린다.

철부지 인생

해 뜰 무렵 첫울음 터뜨려
미약한 생명 탄생 신고

큰 집, 우리집 13형제 중 막내
우리집엔 누나만 넷.

사랑과 부유함 속에 자란 나는
학창 시절 종업식 땐 우등상과 개근상을 휩쓴 모범생이었다.
이런 성장 과정은
내 삶의 희비를 결정짓는 요소가 된다.

외로운 삶. 의리의 사내
철부지 삶. 재물의 가치를 모르는 삶을
변함없이 유지하게 된다.

빠르게 흘러가는 세월이
약속하기만 한 날들….

팔순을 바라보며

상쾌한 아침 공기를 마시며
도시락 들고
출근하는 자부심.

누가 알리
이 벅찬 행복감.

매일 아침
행복을 창조하는 나는
살아있는 건강한 노인.

망부석

세월을 업고 침묵으로 흐르는
섬진강 강변 양지바른 산허리에
앞서간 사랑하는 임을 묻고

그리움과 외로움, 서러움을 가슴 가득 안고
하루를 천년같이 밤을 하얗게 지새운
친구야

해는 서산에 지고
기러기 떼도 제 집 찾아 날아가는
저녁놀 속에
그곳만을 바라보며
차가운 그리움 바람 속에
떨고 있는 친구야.
오늘도 변함없는 망부석이 되었구나

조금 앞서거나 늦거나
누구나 한번은 가야 할 그곳

매서운 겨울바람이

얼굴에 칼질하며 스친다.

세찬 바람 탄 눈이
망부석이 된 친구를
하얗게 덮고 있는 강변에
어둠은 서서히 깊어지고 있다.

그곳

은어 떼 품고 흐르는 섬진강 강변
산허리 양지바른 곳

서산에 해 지는 저녁 무렵
기러기 떼도 제집 찾아 날아가는데
배롱나무 몇 그루
꽃과 잎 모두 잃어버리고
나목(裸木) 되어 외롭게 지키고 있는
그곳

오늘도 변함없이
그곳을 바라보며
외로움과 그리움을
달래보는 망부석이 된 친구

차가운 겨울바람에
온몸을 떨면서….

시인(詩人)

가슴 속 깊은
생각과 감정의 바다에서
마그마처럼 뜨거운
시어(詩語)를 낚아
정제된 언어로 다듬어
맛있는 요리를 만들어 내는
언어의 요리사

기회

안타까운 솔로 하나뿐인 우리 공주의 독립으로
일반적 가정에서 쓸쓸한 노부부 가정이 되다.

아내 잠 깨울까 봐 까치걸음으로 새벽 출근
잠자리에서 일어나 혹여 외로움, 쓸쓸함 같은 것을 느낄까 걱정
혼 밥 먹으며 제대로 식사나 하는지 걱정

하루 종일 혼자 집에 있으면서 허탈감,
쓸쓸함, 좌절감으로 우울증이라도 생기면
어쩌나 걱정

불안과 걱정으로 초조해진다.

이 세상에 둘만 남겨진 기분이다.
서로 의지해야 할 소중한 존재가 되었다.

둘이서만 누릴 수 있는 시간
알콩달콩 후회 없이 살아볼 수 있는 기회다.

다만 홀로 독립해 있는 공주 걱정이 항상
머리에 상투처럼 앉아 있지만
그 외엔 우리 내외간의 행복보다 소중한 것 없고
우선순위도 없다.
남은 생을 우리 둘만을 위한 시간으로 써야겠다.

행복한 순간순간
행복한 하루하루를 만들어 갈 기회다.
인생 연극의 결과는 해피엔딩으로 끝을 맺어야겠다.

인간관계와 삶

1992년 겨울 10년 아래인 학원 원장의 어머님 별세.
저녁 10시 학원이 끝나면 서울에서 경기도 여주까지
3일 동안 날밤을 새워 조문을 다녔다.
마지막 날엔 장지까지 동행하여
함께 장례를 마쳤다.

눈 내리는 겨울철에 잠자지 않고 운전해서
3일 연속 다니기란 쉬운 문제는 아니었다.
그때 내 나이 불혹, 지금까지 32년을 한결같이 지내고 있다.
지금도 가끔 중요한 문제가 생기면 조언을 청한다.
나는 내 상식으로 조언해 준다.

요즈음 식당에서 실랑이를 벌인 때가 있다.
서로 결재를 양보하지 않기 때문이다.

바라보는 손님들의 눈빛이 밝다.
난처한 모습을 하는 주인도 얼굴엔 웃음꽃이다.

어떤 사람과 관계를 맺고 사는가는

그 사람의 삶의 그림이 되고 철학(인생관)의 기준이 된다.

다른 동물과 다른 점이 인간에게는 있기 때문이다.

행복의 기준이 된 것은 꼭 금덩어리만이 아니기 때문이다.

오늘도 우리는 성격과 생각이 비슷함을 확인하는
즐거운 점심을 같이했다.

고희(古稀)를 맞은 아내에게

3월의 이른 봄
봄꽃 한 송이 훔쳤다.

우린 소중한 울타리를 만들고
오십 년을 함께 가꾸어 왔다.

정원에 흘린 땀과 눈물에
축하와 감사, 미안함을 꼭 전하고 싶소.

산수가 다 되어 너무 늦게 철이 들었지만
남은 시간과 에너지는
오직 당신을 위해 쓰겠소.

비바람이 불면
내 등 밀어 막으려 하오.

3부 신앙

성령님이여 만나주옵소서

부자가 천당 가는 확률은
코끼리 바늘구멍 통과할 확률

우리가 천당 갈 수 있는 길은
어린애처럼 복음을 받아들이는 길

어린애처럼 복음을 받아들이려면
성령님을 만나야 하는 것

성령님을 만날 수 있는 길은
간절한 기도

응답받고 성령님을 만날 때까지
뜨겁게 기도하는 것

누구나 갈 수 없는 그곳
간절하고 뜨거운 기도 생활만이
하느님 나라에 갈 수 있어

인도해 주옵소서

뜨거운 믿음과 기도하는 신앙 생활

붙잡아 주옵소서
지켜주옵소서
받아주옵소서

아 멘 -

지하철 첫차

새벽 전철 첫차가 아침을 연다

젊은 한 여인의 지팡이가
전철 승차 문을 더듬는다

부착된 점자 부분을 손으로 더듬어
위치를 확인하는 신비스런 모습

감사합니다. 주님!
저 여인에게
놀라운 지혜를 주신 당신
참 위대합니다

빈자리를 찾는 그녀를
가볍게 터치하여 도와드렸다

가방에서 꺼낸 손전화기를 능숙하게 다룬다
누군가에게 자신의 위치를 알리는 자연스런 모습

주여!

저 여인에게
마음의 밝은 눈을
총명한 지혜를
꿈과 용기를
삶의 행복을 주옵소서

간절히 기도드린다
유난히 오늘 새벽 공기가 상쾌하다.

송구영신

한 해 흘린 땀
세월의 강물에 실어 보낸다.

새롭게 품은 꿈은
새해 아침 솟아오른 해처럼
온 누리에 풍요롭고 평등하게 퍼지도록
주여!
당신의 뜻대로 드러내 주옵소서.

힘들고 낮은 곳에
더욱 따뜻한 빛을 비춰 주옵소서.

쓴소리

-의료계 공백 상태를 보며-

의사, 정부, 여당, 야당이여!
어찌 이 지경이 되었나?

의사가 환자를 치료하지 않고
환자 곁을 떠나 무엇을 하겠다는 건가?
당신들의 직업은 환자를 치료하는 사람 아닌가?
생명을 다루는 직업이기에
사회적으로 존경받은 의사 선생님
이번 사태로 국민들에게 밥그릇 챙기는
모습으로 오해받을 소지는 없는지?

국정을 책임진 정부 여당은
민주주의 원칙인 대화와 토론을 통해
최선의 합의점을 찾아 국가정책으로
결정하는 것이 원칙인데
그런 노력을 후회 없도록 다했다고
말할 수 있는지?

조금 시간이 걸리고 느리더라도
과정을 충분히 밟아 대다수 국민의

호응을 얻어 개혁을 하는 것이 옳지 않았을까?

힘으로 고집스럽게 밀어붙이는 모습으로
비춰지고 있지는 않는지?

야당이여! 국가정책 결정에
조언, 견제, 협력하여 국민의 삶의 질을
향상, 발전시키고 잘 사는 나라를 만드는데
최선을 다했다고 큰소리 칠 수 있는지?

정부와 의료계의 갈등에서
어떤 어부지리적 기대를 하지는 않았는지?

팔순을 코앞에 둔 국민의 한 사람
이번 사태를 보면서 근심, 걱정
안타까움에 잠이 오질 않는다.

관계자들이여!
국가와 국민도 생각해 보기 바란다.
그리고 편히 잠 좀 자게 해다오.
눈 크게 뜨고 독수리처럼 지켜보리라.

4월의 봄

밀고 당기기를 반복하던 계절의 사랑 놀음
4월이 밀고 들어와
봄꽃을 만개시켰다.

계곡에 흐르는 물소리에도 힘이 붙어
제법 큰 소리를 내며 흐르고
개천가 벚꽃도 가지가 무거워졌다.

숭고함을 뽐내는 목련
귀엽게 재롱부리는 노란 개나리도
아침부터 활짝 웃고 있다.

한강 변에 운동 나온 어르신들의 표정도
밝고 온화하다.

공기에 차가운 기운이 사라졌다.
나는 한강 변을 걸으며
지난 시절의 사진첩을 더듬어
흑백 사진 속 빛나는 추억을 만지고 있다.
상쾌한 4월의 봄이 왔다.

봄비

봄이 봄비를 동아줄 삼아 타고 내려와
뽕나무 잎에 감미로운 리듬을 연주하며
포근하게 대지를 적시고 있다.

내 마음도 봄비에 젖어 촉촉해졌다.
대지를 뚫고 나온 새싹들도
발돋움하여 봄비가 연주하는 감미로운
봄노래를 듣는다.

남쪽엔 매화, 산수유 꽃축제가 열리고
사람들은 설레임에 들떠있다.

나는 봄볕에 몸을 녹이며
봄 향기에 젖어
영글어 가는 봄을 지켜보고 있다.
그리운 님의 소식을 기다리면서….

부부

서로 의지하고 기대는데
가장 부담 없고 편안한 사람.

자식

어머니의 눈물로
만들어 낸 진주.

감사

주일 아침
나뭇잎 사이로 쏟아지는 햇살이
따스해 감사하고

따가운 햇볕을 막아주는
그늘이 고맙고

파란 잎새들을 스쳐 불어온
녹색 바람이 상쾌하여 감사하다.

발걸음을 예배당으로 인도해 주시니
또 감사하고

걸을 수 있고 숨 쉴 수 있고, 생각하고
느끼고 표현할 수 있어 감사하다.

주위에 있는 모든 것과 모든 일이 감사하다.

□ 해설

고향을 찾은 시인의 세월 시학

– 임세택 제 2시집 『세월의 뒷모습』에 부쳐

이 영 지
시인 · 문학박사 · 철학박사

1. 천재시인의 발자취

임세택 시인이『세월의 뒷모습』제 2시집을 내게 되었다. 시집 상재를 진심으로 축하한다. 임 시인은 이 시집을 통하여 마음의 안정과 고마움을 세월의 뒷모습에서 찾고 있다. 임시인은 어릴 때부터 글짓기의 장원과 더불어 천재라는 명칭이 붙어 다녔다. 그리고 중고등학생 때 교장선생님으로부터 천재라는 칭찬을 받으면서 지냈다. 세월을 택한 임세택 林世澤 님의 삶은 천재적 자질이 보여주듯이 그의 호 세월 돌을 씻는 洗石의 삶이 지극하여 사랑을 베푸는 삶으로 일관하고 있는 특징을 지닌다. 더구나 이제는 하나님의 은혜를 받고 마음의 안정과 행복을 맞보면서 더불어 시인으로 등단한 이후 2시집 출간하기 까지 이르렀다.

임세택 시인 2시집 『세월의 뒷모습』은 1부 '추억으로 변하는 그리움' 2부 '성숙해가는 세월' 3부 '신앙'으로 되어 있다. 시집의 1부 제목은, '추억으로 변하는 그리움'이고 시들은 「그 겨울밤」「섬진강 추억」「유년시절의 하루」「철부지별」 「시위」「그리운 얼굴」「술」「친구」「그리움(1)」「야화」「그리움(Ⅱ)」「미련」「가을 아침에 날아온 새」「성미 구름다리에 가을비가 옵니다」「세월의 뒷모습(Ⅰ) 교편을 잡다(청장년기)」「세월의 뒷모습(Ⅱ) 입시전문학원」「세월의 뒷모습(Ⅲ) 방송을 타다」「세월의 뒷모습(Ⅳ) 태풍이 불다」「세월의 뒷모습(Ⅴ)시인이 된다」「첫눈」「이별」「봄을 깨우는 알람」「틀니」「생불여사소탐대실」이며 25편이다.

2부 제목은 '성숙해가는 세월'이고 시들은 「어느 봄날」「웃음꽃」「천국환송」「신용불량자」「장마」「시인의 거리」「울타리」「가을비」「홀로서기」「산딸기」「출근길」「아침인사」「가을비에 젖은 낙엽」「숨 쉬는 말뚝」「추모제」「밤」「세월은 스승」「철부지 인생」「팔순을 바라보며」「망부석」「그곳」「시인」「기회」「인간관계와 삶」「고희를 맞은 아내에게」로 2부 역시 25편이다. 3부 제목은 '신앙'이며 시들은 「성령님이여 만나 주옵소서」「지하철 첫차」「송구영신」「쓴소리」「4월의 봄」「봄비」「부부」「설날아침」「자식」「감사」이다. 9편이다. 임 세택 시집은 총 59편의 작품이 수록되었다.

임세택 시인 2시집 『세월의 뒷모습』의 시어들에 최

다로 많이 쓰인 시어는 '세월'(24회)이다. 임세택의 세월은 매정하게 흐르고 그리움 피어올라 오히려 세월을 위로하고 있다.

> 세월은 매정하게 흐르는데(-「그리운 얼굴」)
> 그리움 피어올라
> 흘러버린 세월을 위로하고 있다(「그리운 얼굴」)
> 젊음의 파편들이
> 세월의 강을 건너(-「친구」)
> 그림자 감춘 지 이십여 년
> 얼굴엔 세월 꽃 검게 피고(「야화(夜花)」)
> 강산이 몇 번 변한 세월(「그리움(II)」)
> 불덩어리 주고받은 삼 년 세월(「미련」)
> 그 삶의 세월의 그림자였다(-「가을 아침에 날아온 새」)
> 자연의 세월은 시침처럼 서서히 흐르고
> 나의 세월은 초침처럼 빠르게 흐른 것 같다
> …
> 세월 따라 흘러가고 있음을 새삼스럽게(「성미 구름다리에 가을비가 옵니다」)
> 허무한 세월의 흐름 속에(「세월의 뒷모습」(IV) 태풍이 불다)
> 첫 시집 '흐르는 물에 돌 씻은 세월' 상재(「세월의 뒷모습」(V) 시인이 된다)
> 유난히 혹독한 날씨 속에 헤어진 후
> 육십 년 세월이 흐른 지금까지(「이별」)
> 명심하라. 세월은 멈춰주지 않고(「신용불량자」)
> 세월의 흐름을 눈치 채지 못한 채(「가을비에 젖은 낙엽」)
> 지칠 줄 모르고 흐르는 세월의 뒷모습
> …
> 어느새 세월의 뒷모습 속으로(「숨 쉬는 말뚝」)
> 세월이 흘러 나이 들고 보니
> …

세월은 속절없이 흐르기만 한 것이 아니라(「세월은 스승」)
세월의 흐름을 눈치 채지 못한 채(「가을비에 젖은 낙엽」)
세월을 업고 침묵으로 흐르는(「기회」)
세월의 강물에 실어 보낸다(「송구영신」)

그러나 이제 세월이 흘러 세월의 강물에 희로애락을 실어 보내며 세월은 흐르기만 한 것이 아니라 세월이 스승이 되는 현명함이 있어 임 시인이 치유되고 있다.

2. 천재시인의 특징

세석 임세택 시인에게는 천재인정의 일화가 있다. 그만큼 삶을 현명하게 살아가는 작업을 시인은 삶의 목표로 한다.

'천재' 명명 일화이다.

중학교 1학년 첫 중간고사
학부형 총회 때 교실 복도 벽에
써 붙이는 성적표

매일 아침 수업 전 열리는
운동장 전교생 아침조회

어느 아침 교단 위 교장선생님은
한 학생의 어깨에 손을 얹고
별 하나 탄생시켰다.

'중간고사 점수 평균 99.7점
우리 학교에 천재 소년이 나왔다.'고

발표했다.
그리고 내 이름을 불렀다.

나는 갑자기 하늘이 낮게 느껴지고
어깨는 으쓱 올라가 한 척은
커진 느낌
나는 철부지별이 되었다.

–「철부지별」

1960년대 지역별로 존재했던 일류 고교.
시골 출신이 일류 고에 진학하면
그 지역의 별이 된다. 희망이 된다.

나는 K고교에 학우 38명과 응시
합격자 발표 신문에는 내 이름이 유일하게
올라 있었다.

다음날 교장선생님은 개선장군이라
불러 주었고
우수 반에 편성되고
내 꿈은 가슴 설렘 속에
무럭무럭 자라고 있었다.
…
민족과 나라의 발전을 위해
헌신하겠다고.

–「시위」에서

사랑과 부유함 속에 자란 나는
학창 시절 종업식 땐 우등상과 개근상을 휩쓴 모범생이었다.
…

사랑과 부유함 속에 자란 나는

학창 시절 종업식 땐 우등상과 개근상을 휩쓴 모범생이었다.

–「철부지 인생」에서

나는 국민 학교 시절 고향 백일장대회에서 장원에 이름을 올린 이후 학창 시절 늘 문예부로 활동하면서 글을 짝사랑하였고 사십여 년을 중고생들을 가르치는 교직에 재직하면서 많은 시를 접하고 가르치게 되었다.

– 첫 시집 '시인의 말' 중에서

대쪽 같은 성품
지나친 자존심
타협을 모르는 정의감
불 같은 성질
남다른 의리감이 나의 천성이래

그래서 나의 별명은
'천연기념물', '의리의 사나이 돌쇠'라고....

햇볕 따가운 여름 고향 팬클럽 야유회
도도히 흐르는 섬진강 여울을 바라보고 있던
안(安) 선배님의 일성
'임(林) 선생, 자네의 호는 세석(洗石)이야.
내일 탁주 한 말 메고 오게나
내가 호문을 써 줄 테니까....'

하늘나라에 가신 지 오래지만
감사하고 그립다
나름대로 사십여 년을 돌을 씻었다
남은 날도 계속해야겠지만....

– 세석(洗石)에 대한 변

시인은 2011년 창조문학 봄 호에 시로 등단한다.

봄여름
계절을
기억으로 만지고
발밑에서 신음하는 소리는
내가 종말을 재촉하는 합주곡

점으로 점철된 희비의 싸인 곡선은
언제쯤 이렇게 지면을 베우고
피부를 쑤시는 겨울의 문턱에 서서
외로운 나그네 하나
고독과 추억의 마지막 잔을 한사코 들고 서 있다

– 「회상」

뚝 뚝 떨어뜨리는
마리아 상의 후회는
벽에 굳어버린
찬란한 염원의 멜로디

두 손으로 고이 받아
한웅큼 마시어
간직하고 싶은
머언
먼
숙아의 모습

한 잎 두 잎
지는 장미의 잎잎에
짙은 꿈일랑은
정작 띄워
보내는 것을 ……

— 「폭우」

별을 헤는 마음은
꿈과 그리움을 헤는 안타까움

비수 같은 그믐 달 빛이 철책에 찢기우면
막사 창가에 맴돌다 가는 음성
먼 먼 병영 밖에서 기다려 줄 당신

꿈속을 헤쳐 창가에 서면
흰 환상만을 남겨 놓고 가버린 당신을
뿌연 입김으로 유리창에 그리면
은은히 들려오는 또 그대 목소리

별도 사위어 가는 시간에
별을 헤는 심사는
정영 뭣 땜시 이노

— 「당신」

새들이 어둠을 물어 온 뒤
하늬바람이 나목의 마지막 이파리에 머물고
별빛이 차갑게 녹아 흐르면
섬광은 사위어 가는 벌레들의 숨소리에 첨삭이 된다

벼랑에 부딪처
파편이 되는 젊음을
전신으로 감지하면서
지난 순간들이
한 이파리 한 이파리 꽃잎을 떨 굴 때
찢기운 염원의 나래로
계절은 타고 남은 재를 턴다

짓누르는 생의 압박과
숱한 상념의 갈등으로
짙은 진통이 일렁인다

떨어져 나간 젊음의 조각으로
동녘 환희를 꿈속에 멀리 내다보면서
시첩 글자마다 생명을 불어 넣어
창조하는 밀실을 만든다

– 「밤의 소곡」

임세택 시인의 등단작품 시이다. 홍문표 박사 심사위원장의 등단작품 심사평은 다음과 같다.

임세택 시인의「회상」「폭우」「당신」「밤의 소곡」을 시부문 신인문학상 당선작으로 하였다. 임세택 씨의 시들은 시간의식이 강한 작품들이다. 「회상」은 지나간 시간에 대한 연민이다. 「폭우」는 지나간 시간의 잔상에 대한 그리움이 아련하게 배어 있다. 「당신」은 병영에서 그리워하는 당신에 대한 그리움의 시다. 「밤의 소곡」역시 지나간 젊음의 시간ㅇ peo한 연민을 통하여 새로운 꿈을 꾼다. 시간에 대한 좀 더 깊은 명상과 천착이 있기를 기대한다.

– 시부문 홍문표 심사위원장의 심사평 2011년 「창조문학」 봄호

2011년의 임세택 시인 첫 등단 작품에 대한 홍문표 박사의 심사평은 시간에 대한 명상과 천착이 있기를 기대하였다. 첫 등단 때 임시인은 시 등단 당선소감대신 시 한편을 읊는다.

울음 터뜨린
산실.

터질 듯한 가슴
기다림.

노래하고 싶다. 당신을 향하여.

환희의 아침햇살
황홀한 저녁놀.

그리고 표표히 떠내려 온 세월
넘치는 강물 마음을…
- 제 78회 「창조문학」 신인문학상 당선 시 소감

임세택 시인의 세월의미는 시인의 호 세석 洗石이 가지는 신앙시의 가능성을 구원의 문학으로 탈바꿈하고 있다. 지난날을 씻어 주시는[1] 하나님의 방법[2]은 말씀을 시로 하는 거룩한 작업이다. 시로 찬양 드리는 시인의 세석(洗石) 사역은 이제 하나님 일 사역이다.

---

1) 우상 섬김(신 27: 15) · 부모를 경흘이 여김(신 27: 16) · 이웃의 지계 표를 옮기는 자(신 27: 17) · 소경으로 길을 잃게 하는 자(신 27: 18) · 고아와 과부의 송사를 억울케 하는 자(신 27: 19) · 계모와 구합하는 자(신 27: 20) · 짐승과 교합하는 자(신 27: 21) · 아비의 딸과 어미의 딸과 규합하는 자(신 27: 22) · 장모와 구합하는 자(신 27: 23) · 이웃을 암살하는 자(신 27: 24) · 무죄 자를 죽이고 뇌물을 받는 자(신 27: 25) · 이 율법의 모든 말씀을 실행치 않는 자(창 27: 26).
2) ..ל(라메드 · ~ 와 ..을 위하여).

국어선생님이셨다가 열강소문에 힘입어 학원 운영에 그 열정 쏟다가 목소리를 다쳐 8번이나 수술을 하기도 하였으나 변함없이 그는 시인으로 등단한 이래 하나님의 뜻을 받드는 그 현명을 지켜간다. 시인은 앞으로도 계속 나에게 시평 부탁을 할 거라고 하는 의리의 집념을 표출한다.

이제 시인은 하나님의 은혜로 마음을 비운 세월의 뒷모습을 보여주는 시인이다. 오랜 세월 신앙생활을 잘 하고 있는 시인은 이제 참으로 일관된 생활습관과 믿음을 가지고 있다. 첫 시집의 가장 최대 다빈도 시어 '바람'에서 지금은 은혜의 삶을 사는 '세월'을 가장 많은 시어로 한다. 더구나 이 시집의 3부 제목을 '신앙'으로 하고 있다. 시인은 마음이 아플 정도의 짙은 사랑 이력을 그대로 하나님 사랑으로 바꾼다. 지금은 아내에게 사랑을 맹서한다. 여전히 사랑에 절절한 일생이다. 임시인의 삶의 방법 그 절절한 사랑은 아내 사랑을 최대치로 한다. 그것은 다른 어떤 것 보다 아내의 의사를 존중해주는 가장으로서의 면모이다. 그리고 사랑하는 따님 공주에 대한 짙은 애정이다. 사랑을 그때그때마다에 최대의 가치로 하는 열정은 예수님 닮기의 하나님 자녀로 살기이다.

그에게는 친구와 더불어 식사할 때마다 서로 식사 값을 지불하겠다는 아름다운 이야기를 전해준다.

1992년 겨울 10년 아래인 학원 원장의 어머님 별세.
저녁 10시 학원이 끝나면 서울에서 경기도 여주까지
3일 동안 날밤을 새워 조문을 다녔다.
마지막 날엔 장지까지 동행하여
함께 장례를 마쳤다.

눈 내리는 겨울철에 잠자지 않고 운전해서
3일 연속 다니기란 쉬운 문제는 아니었다.
그때 내 나이 불혹, 지금까지 32년을 한 결 같이 지내고 있다.
지금도 가끔 중요한 문제가 생기면 조언을 청한다.
나는 내 상식으로 조언해 준다.

요즈음 식당에서 실랑이를 벌인 때가 있다.
서로 결재를 양보하지 않기 때문이다.

바라보는 손님들의 눈빛이 밝다.
난처한 모습을 하는 주인도 얼굴엔 웃음꽃이다.

어떤 사람과 관계를 맺고 사는가는
그 사람의 삶의 그림이 되고 철학(인생관)의 기준이 된다.

다른 동물과 다른 점이 인간에게는 있기 때문이다.

행복의 기준이 된 것은 꼭 금덩어리만이 아니기 때문이다.

오늘도 우리는 성격과 생각이 비슷함을 확인하는
즐거운 점심을 같이했다.

–「인간관계와 삶」에서

가장 한국적인 정서는 사랑표현이다. 너무 짙어서 아픔도 있지만 '세월' 연륜의 사랑나누기의 진 목면이다.

2. 눈물

임 시인의 삶에는 눈물이 있다. 그토록 진한 눈물이 천재시인에게 왜 있었을까? 그의 일관된 사랑마음은 시인의 가슴에 눈물로 고여 있다. 애틋하기 까지 하다.

한 잔 마시고 말한다.
'당신을 사랑하오.'
술은 진솔한 친구다.

두 잔 마시고 말한다.
'다 내 잘못이오.'
술은 용기를 주는 친구다.

석 잔을 마시며 부모님 얼굴이
떠올라 눈물을 흘린다.

-「술」에서

그림자 감춘 지 이십여 년
얼굴엔 세월 꽃 검게 피고
까맣던 머리숱은 줄고
곱던 피부엔 실개천 주름이
자리 잡았겠지.

이별이 예고된 사랑
쫓고 도망치듯 돌아서야 했던
눈물은 남몰래 닦았다.

-「야화(夜花)」에서

하얀 도화지 같은 순수한 시골 아이들.

그들의 꿈을 키우고 이루기 위해
뜨거운 내 열정을 불태우리라.

'개천에서 용 난다'는 말
용이 되기 위한 배움에
내 뜨거운 열정 밑거름되리라.

가슴 깊이 아이들 품고
애정과 회초리로 담금질 칠 년
작은 꽃봉오리 피워 졸업장 받게 하리라.

벌써 찾아온 제자들 나이
육순을 바라보고 빠르게 흐른 세월 속
세상 떠난 아이도 있고
성공한 소식 들려올 땐 입가에 미소가 절로 핀다.

그러나
매년 스승의 날이 되면
왠지 모를 눈물을 닦게 되는 까닭은?
스승의 날 교실에서 불러주었던 '스승의 은혜'
아이들의 모습이 눈앞으로 다가온다.
그때도 나는 돌아서서 칠판을 보며
눈물을 닦고 있었다.

－「세월의 뒷모습」
(Ⅰ) 교편을 잡다(청장년기)

오늘 아침 치과에 들러 크라운 치료를 했다.

평생 한이 되었던 틀니 생각이 났다.
잇몸으로 음식을 드실 때 불편하실 것 같아
틀니를 권했으나 한사코 사양하셨다.

음식의 맛은커녕 잘 씹어지지도 않으니
우물우물하시다가 억지로 꿀꺽 넘기시는 모습

지금 생각해 보면 돈이 많이 들어 자식 고생시킬까 염려되어
극구 사양하셨던 것을
그냥 드실 만 한가보다 하고 생각했었다.

지금 내가 틀니를 하고 보니
틀니마저 없다면 어떻게 음식을 먹을까
상상이 안 된다.

어머님의 사랑, 헌신
받을 자격이 없는 불효자식이다.
치과 의자에서 눈물이 계속 흘러내렸다.
의사는 몹시 아프시면 왼손을 드시라고 말했다.

손을 들 수가 없었다. 아픈 곳은 마음이기 때문이다.
눈물을 계속 흘리니까
어르신 참 잘 참으시네요.
엉뚱한 칭찬이다.
그래, 슬픔을 참는 것도 참는 것이니까

–「틀니」에서

이승의 삶 아침이슬
우주 속 미약한 미물
만물의 지배자는 하늘에 계신 창조주 하느님

인명(人命)은 재천(在天)
하늘에 계신 그분의 소유

주인의 부름 받고 길 떠나는 형제여!
천국행 이별을 환송한다.

눈물은 보이지 않으리
이슬 같은 홍진의 삶은 끝.
영생불멸의 세상으로 간다.
천사들이 동행하는 천국행 여정
찬송과 예배로 환송한다.

우리는 보았다.
길 뜨는 순간까지
미소 지으며
카랑카랑한 목소리로 찬송가 부르며

–「천국환송」에서

자정 지나 어두 컴컴
미명의 새벽
창 박에 주룩주룩 가을비
내 눈물

젊은 시절
기름기 흐르는 삶
평생 한결같을 거라는 착각
부러진 가족들의 자존심의 날개
후회의 눈물

노인은 녹내장 수술이 어렵다는 의사의 말
철석같이 믿어버린 철부지
어머님 하늘나라 가신 뒤
늙고 나이드니 가을비로 쏟아지는
바보의 눈물

성대 수술 여덟 번
하느님의 채찍과 경고
사랑으로 주신 제2의 삶 깨닫지 못한

어리석은 삶

밤새워 내리는 가을비
내 회한의 눈물이여!

–「가을비」에서

형제들이 모두 모인 명절 아침
지난 삶을 얘기하다가
부모님 생각이 떠올라
눈물만 쏟고 있는 불효자.

바보였다.
늙어 나이 들고 철이 드니
쏟아지는 눈물!

아버지 어머니 다시는 돌아올 수 없고
자식의 도리를 할 수 없는 멍멍해진 가슴
이승에 머물 시간 얼마 남지 않았는데
저세상 가서 어찌 뵈올지?

그칠 줄 모르는 눈물만 허무하게
쏟아지는 명절 아침.

–「추모제」에서

3월의 이른 봄
봄꽃 한 송이 훔쳤다.

우린 소중한 울타리를 만들고
오십 년을 함께 가꾸어 왔다.

정원에 흘린 땀과 눈물에
축하와 감사, 미안함을 꼭 전하고 싶소.

산수가 다 되어 너무 늦게 철이 들었지만
남은 시간과 에너지는
오직 당신을 위해 쓰겠소.

비바람이 불면
내 등 밀어 막으려 하오.

－「고희(古稀)를 맞은 아내에게」에서

어머니의 눈물로
만들어 낸 진주.

－「자식」

그리고 잘 나가던 학원 강의로 인한 돈벼락을 받고도 그 돈을 위해 세월 금덩이가 부족한 상황이라고 시인은 말할 정도의 짙은 사랑나누기 눈물이다. 헛헛하도록 다 나누어주는 사랑 눈물이다.

세석(洗石) 임세택(林世澤) 시인은 인생전체를 하나님 은혜를 받고 그 감동으로 2시집『세월의 뒷모습』을 발간한다. 이제 평안한 마음으로 작품에 매진하면서 아직도 남은 사랑이야기를 아내와 자녀 그리고 친구와 이웃에게 전하고자 한다. 그래서 지금도 작품을 더 계속하여 쓸 것을 다짐하고 있다. 우리의 영혼을 인도하는 그래서 위로에 참여하여 상처 난 정신과 육신을 치유하고 마침내는 영혼마저 천국에 이르게 하는 구원의 길잡이가 될 수 있다고 홍문표 시인학자는 그의 심사평에서 말하고 있다.

세월의 뒷모습
임세택 2 시집

2024년 6월 10일 인쇄
2024년 6월 15일 발행

지은이 임 세 택
펴낸이 신 용 호
펴낸곳 창조문학사

서울 서대문구 홍은동 397-26 동천아카데미 5층
등록번호 제1-263호
전화 374-9011, Fax 374-5217
공급처 한국출판협동조합 전화 716-5616~9

값 10,000원
ISBN 978-89-7734-805-9